{ IT-Lyrik }

Reime aus dem Leben zweier Softwareentwickler

Andreas Engel

und

Frank R. Gutacker

**Bibliografische Information der
Deutschen Nationalbibliothek**
Die Deutsche Nationalbibliothek verzeichnet diese
Publikation in der Deutschen Nationalbibliografie; detaillierte bibliografische Daten sind im
Internet über http://dnb.dnb.de abrufbar.

© 2015 Frank R. Gutacker
Herstellung und Verlag
BoD – Books on Demand, Norderstedt

ISBN: 9783734753275

Inhaltsverzeichnis

Vorwort 8

Montag früh 10

Unzählige Patches 11

Patch-Freude 12

Das Tracken 13

Leere Zeichen 14

Fritten 15

Günter Jauch 16

Landingpage 17

Drama 18

Angst 19

Swag 20

Brache 21

Heute serviert 22

Keine Ahnung 23

Kein Schach 24

Der Chef 25

Fische 26

Pennerluschen 29

Len-Ding 31

Niemand 32

Traum 33

- SOAP & Co. 34
- Feiertag 35
- Feiertag II 36
- Kein Zurück 38
- Getestet 39
- Trunk 40
- Quetsch 41
- Tipps 42
- Tüte Chips 45
- Kanada 46
- Würzig 47
- Der Wald 48
- Emsig 49
- Fetzt 50
- Der kleine Lurch 51
- Est 52
- svn di 53
- Acker-Gut 54
- Weihnachtszeit 55
- Neue Buttons 56
- Der Frühling 57
- Input-Felder 58
- Ein Array 59

Feine Sache 60

Keine Bang... 62

Das Flag 63

Änderung.. 65

Es ist vollbracht...................................... 67

Auftrag 69

Kleinigkeit... 70

Ein paar Zeilen schaden nie..................... 71

Hoffnung 72

Bitcoins 73

Kaputt... 74

Der Schrecken 75

Freude.. 77

Hoppel 78

Emma Hewitt 79

Hilfe 80

Der Wunsch.. 81

Waschen 82

Affected Rows.. 83

0.. 85

Minus 86

Die Jagd.. 88

Vorwort

Der Arbeitsalltag eines professionellen Softwareentwicklers gestaltet sich mitunter recht trocken.

In der sterilen Büroatmosphäre klickender Tastaturen, murmelnder Kollegen, klingelnder Telefone und nervigem Kopfhörerkrächzens bleibt nicht viel Platz für die Entfaltung individueller Kreativität.

Doch ist gerade die Pflege dieser kreativen Ader ein absolutes Muss für Coder, die in gewisser Weise ja auch Künstler sind und dem alltäglichen Quellcode ihre ganz persönliche Note aufdrücken wollen.

Im Bewusstsein dieses Problems schicken sich die Softwareentwickler Andreas Engel und Frank R. Gutacker beim Austausch ihrer Patches ständig kleine Gedichte.

Dies hält die lyrisch veranlagten Windungen ihrer Gehirne auf Trab und sorgt dafür, dass sie weiterhin mit unkonventionellen und überraschenden Arbeitsergebnissen aufwarten können.

Ein Patch (engl. patch = flicken) ist übrigens eine Datei, die Code-Bestandteile enthält, um Sicherheitslücken einer Code-Sammlung zu schließen, Fehler zu beheben oder bislang nicht vorhandene Funktionen hinzuzufügen.

Der Begriff stammt noch aus der Zeit, als man auf Lochkarten durch Stanzen oder Zukleben einzelner Löcher kleine Korrekturen an den Programmen bewerkstelligte.

Montag früh

Montag früh, es ist soweit

Ein neuer Patch ist an der Zeit

Die Sonne scheint, die Luft ist top

Nach einem Update ruft der Shop

Er ist zwar jetzt nicht mega klein

Lass es zweihundert Zeilen sein

Doch schön verpackt kommt er daher

Und freut sich übers Review'n sehr

(Andreas Engel)

Unzählige Patches

Unzählige Patches

Groß und klein

Alle wollen online sein

Und das in uns'rem Sommerloch

Ach es ist ein hartes Joch

Dennoch

Schieb es hoch

(Frank R. Gutacker)

Patch-Freude

Weil dich doch jeder Patch erfreut

Schick ich ihn dir nun erneut

Geändert hat sich zwar nicht viel

Doch das war ja auch nicht das Ziel

(Andreas Engel)

Das Tracken

Guten Morgen lieber Frank

Ich sag jetzt schon besten Dank

Für das Checken und Verteilen

Was sich baldig wird ereilen

Das Tracken läuft jetzt einwandfrei

Nur Altan wünscht 'ne Spielerei

Soll Emails in sein Postfach pflanzen

Mit Storno-Infos zu dem Ganzen

(Andreas Engel)

Leere Zeichen

Oh, fatal – hab's korrigiert

Auf dass es nicht noch mal passiert

Denn schnell vergisst man leere Zeichen

Die so ähnlich wie die Weichen

Zügen ihre Wege weisen

Augen durch den Quellcode leiten

(Frank R. Gutacker)

Fritten

Kannst commiten

Nach den Fritten

Die du mitten

In der Pause

Bei McDonalds

Gegessen hast

(Andreas Engel)

Günter Jauch

Guten Tach Herr Nebenmann
Hier kommt grad ein Patchlein an
Ticketname NBB
Zwo-Sieben-Eins dahinter steh'

Kleiner Banner, kein groß Ding
Gut wenn das bald online ging
Uli freut sich, Robert auch
Und genauso Günter Jauch

(Andreas Engel)

Landingpage

Frankie-Doodle, Frankie-Dei

Ein neuer Patch schaut hier vorbei

'ne Landingpage für Rebuy fett

Mit einem iFrame im Duett

(Andreas Engel)

Drama

Oh je. *heul* *schnief*

Das geht doch schief

Doch schieb mal hoch

Vielleicht geht's ja doch

Und sollt es in die Hose gehen

Wird es vielleicht keiner sehen

(Frank R. Gutacker)

Angst

Committet ist es

Jetzt heißt's beten

Dass uns nicht gleich

Die Site geht flöten

Beten wird nicht helfen

Dafür hab ich Elfen

So ein Mist

Es funktioniert

Hätt' wetten könn'

Dass was passiert

(Andreas Engel und Frank R. Gutacker)

Swag

Krasser Patch der's in sich hat

Muss schnell hoch sonst setzt es wat

Der Chef der will die Navi neu

Die dann swagt wie Money Boy

(Andreas Engel)

Brache

Dieser Patch liegt erstmal brach

Der Chef der denkt jetzt erstmal nach

Ob der Nam' ist optimal

Machen wir's ein ander' Mal

(Andreas Engel)

Heute serviert

Gestern storniert

Heute serviert

Titel generiert

Meta-Tags integriert

Navi verziert

Und implementiert

(Andreas Engel)

Keine Ahnung

Ich weiß zwar nicht, was es macht

Doch wirkt es gut durchdacht

Dass es viel entfernen tut

Auch das gefällt mir gut

Wenn du verdaust die Fritten

Solltest du committen

Und ohne zu übereilen

Werd' ich es verteilen

(Frank R. Gutacker)

Kein Schach

Juten Tach

Hoff' du bist wach

Denn SEO-Skippy

Spielt kein Schach

Stattdessen schreibt er Textelein

Die bind ich dann bei Rebuy ein

Und Google wird

Uns dankbar sein

Kannst ja mal schauen

Und kräftig staunen

Und später das

Dann online hauen

(Andreas Engel)

Der Chef

Der Chef kam rein und sagte

Dass er dies und das nicht magte

Ein paar Texte hier und dort

Und dann ging er wieder fort

Martin sah und staunte sehr

Im Checkout fehlten Input-Felder

Bei Businesskunden (war nicht schlimm)

Die stehen jetzt im Patch mit drin

(Andreas Engel)

Fische

Der Freitag hat sich breitgemacht

Und ein Gedicht ich mitgebracht

Es war einmal ein Chat

Der war soweit ganz nett

Doch Userlike, die ollen Fische

Saßen zusamm' an einem Tische

Beschlossen die API anzupassen

Ohne uns das wissen zu lassen

Ihr Ältestenrat

Hat das Datumsformat

Durch ein Neues ersetzt

Was uns tierisch entsetzt

Doch jetzt ist es passiert

Und der Patch repariert

Was die Fische verbockt

Und was uns so geschockt

Eine Sache gibt's noch

Denn ich änderte doch

Nicht nur eine Datei

Sondern gleich sogar zwei

In der zweiten Datei

Steht nur 'ne Spielerei

Denn das Fenster zum Chat

Oben rechts ich gern hätt'

Shit, fast hätt' ich's vergessen

Bist ja gerade beim Essen

Na dann liest du das später

(100cm sind ein Meter)

(Andreas Engel)

Pennerluschen

Dies ist übel zu erfahren

Dass die einfach so es wagen

Diese blöden Pennerluschen

Uns ins Handwerk rein zu pfuschen

Doch einer über's Übel wacht

Und diesem Tun ein Ende macht

Ein ganz aufmerksamer Engel

Ein famos brillanter Bengel

Der dem Quelletexte

Den schändlich man verhexte

Mit arger List zu Leibe rückte

Und das Böse aus ihm drückte

Und siehe da es wurde Licht

Unter einer schmutzig Schicht

Digitaler Laute

Die man so oll verbaute

Nun sag ich ohne zu eilen

Nimm deine gülden Zeilen

So wahr ich heiße Frank

Und schieb sie in den Trunk

(Frank R. Gutacker)

Len-Ding

'ne Len-Ding-Page soll online geh'n

Das kannst du in dem Patch hier sehn

SQL ist auch mit bei

Doch wer schaltet mir das jetzt frei?

(Andreas Engel)

Niemand

Niemand in diesem Raum

Erfüllt dir deinen Traum

Ohne groß zu schielen

Das SQL-Skript einzuspielen

Ich will jetzt nicht entarten

Doch lass uns auf den Chef warten

(Frank R. Gutacker)

Traum

Mein Traum zerplatzt in tausend Teile

Doch Gott sei Dank hat's keine Eile

Drum warten wir auf den Chef fein

Und spielen dann die Daten ein

(Andreas Engel)

SOAP & Co.

SOAP und co hab ich studiert

Und so den Patch hier generiert

Gesynct wird hin und auch mal her

Bestände ändern ist nicht schwer

(Andreas Engel)

Feiertag

Von nun an, so verkünde ich,

Sei dieser Tag jetzt feierlich

Und Tag des Patches ich ihn nenn'

Mit viel Commit und viel Gerenn'

Denn Panik kommt bei jedem Update

Ob der Shop danach denn noch geht

Dieser Patch fixt Buttons fleißig

Oder killt den Shop, ich weiß nicht

(Andreas Engel)

Feiertag II

Ich weiß nicht ob ich's wage

Ob dem Feiertage

Heut noch was zu verteilen

Wir woll'n nichts übereilen

Denn wenn man nix committen tut

Dann bleibt ja alles schön und gut

Doch wiederum, ein oller Tanz

Wird Kaputtes auch nicht ganz

Wie wäre es, wenn du es hochlädst?

Und mich sogleich benachrichtigen tät'st?

Dann verteil' ich es ganz schnelle

In die digitalen Ställe

Und bevor man uns zur Brust nehmen kann

Verschwinden wir zu Altan

Hau'n uns kichernd untern Tisch

Und lachen ganz heimlich

(Frank R. Gutacker)

Kein Zurück

Welch ein Gedicht

Ich fass es nicht

Committet ist das gute Stück

Jetzt gibt es leider kein Zurück

(Andreas Engel)

Getestet

Ich hab's getestet

Ohne… Mit…

Das wrap gleich off'

Ist doch ein Shit

Ich lass es weg

So muss das sein

Dann wirkt das Formular auch fein

Und wie man in der Mail dort sieht

Macht es auch keinen Unterschied

(Andreas Engel)

Trunk

Ab nach Trunk

Sagt der Frank

Lieber Frank

Ist im Trunk

Vielen Dank

(Frank R. Gutacker und Andreas Engel)

Quetsch

Lang ist's her

Der letzte Patch

Und jetzt ein Reim

Ich sag mal „Quetsch"

Im Checkout ist nun

Das macht Sinn

Ein Coupon-Check per Ajax drin

(Andreas Engel)

Tipps

Ich wollte dich nur

Informieren

Zeile 35,

Eins-Eins-Sieben:

Fallunterscheidung richtig

Formatieren

Des Weiteren wird

Empfohlen

Zeile 76:

Ohne sleep() lösen, z. B. Listener verwenden und notify() zu

Callen

So versteht das auch ein

Egyptian

Zeile 88, 113:

Beschreibung zum Element fehlt, @param type $name description, @return type

Description

Das hier weiß jeder

Coder

Zeile 128:

Ich wollte gerade monieren, is_a() deprecated ist, um dann festzustellen, dass das deprecated wieder aufgehoben wurde. xD Aber grundsätzlich ist instanceof doch viel viel schneller

Oder?!

Ich weiß, du wirst mich

Hassen

Aber Zeile 131:

Kann man diesen return-Aufruf nicht einfach streichen und die Methode generell ein false zurückliefern

Lassen?

(Frank R. Gutacker)

Tüte Chips

Ich danke Franke für die Tipps

Und öffne jetzt 'ne Tüte Chips

Das würd' ich sagen, hätte ich

'ne Tüte hier, doch hab ich nicht

Der Patch, der ist jetzt korrigiert

Ich hoff du bist jetzt fasziniert

Doch da wir hier im Checkout sind

Und ich die Änd'rung heftig find

Sag ich ganz dreist und unverblümt

Dass morgen früh der Upload kümmt

(Andreas Engel)

Kanada

Sieh mal dieses Patchlein fein

Möchte wohl verteilet sein

Ist der Winter auch sehr nah

Drängt es sich nach Kananda

Dies zu verhindern sei unser Task

Weshalb ich ganz frech dich ask

Ob es förmlich einwandfrei

Für unser System geeignet sei

(Frank R. Gutacker)

Würzig

Zum Reimen ist jetzt keine Zeit

Machst dich ja bald zum Mittag b'reit

In Zeilen Fünf-Acht und

Zwei-Fünfundvierzig

Wird es find ich ganz schön würzig

Denn das isset() braucht kein Schwein

Frag mich, wer schreibt sowas rein?

Bin der Meinung, schmeiß es raus

Klappe zu und aus die Maus

(Andreas Engel)

Der Wald

Von draus' vom Walde komm ich her,

Und sage dir, es freut mich sehr

Dass dieser Patch verteilt wird bald

Und es dann auch ein jeder schnallt

Dass diese Debugs rauskönn' bald

Und ich zurück kann in den Wald

(Andreas Engel)

Emsig

Von mir aus spricht dem nichts entgegen

Sag ich ohn' Zag und unverlegen

Lad zum Trunk das magisch Werk

Wie ein emsig fleiß'ger Zwerg

(Frank R. Gutacker)

Fetzt

Guck mal bitte in aller Ruh

Ob's passt, wenn ich das ändern tu

Die getFromSession() liefert jetzt

Statt false ein null

Ich find' das fetzt

(Andreas Engel)

Der kleine Lurch

Oje, der Frank, der kleine Lurch

Sagt ohne Reim kein Patch geht durch

Deshalb ist der hier ziemlich schrott

Damit das Online-Geh'n geht flott

(Andreas Engel)

Est

Ein langer Patch, du kannst es sehn

Soll morgen früh schon online geh'n

Die gute Nachricht kommt jetzt hier

Recht viel im Patch ist nicht von mir

Denn Facebook bietet Klassen an

Man lieben oder hassen kann

Doch braucht man sie für den Connect

Drum hab ich sie mit reingesteckt

Doch leugnen kann ich nicht den Rest

Der außerdem im Patch drin est

(Andreas Engel)

svn di

Denn es schadet nie

(Andreas Engel)

Acker-Gut

Guten Morgen Acker-Gut

Hab 'nen Patch hier in mein'm Hut

Ist für Facebook, winzig klein

Neues Layout soll es sein

Und zwar von dem Fensterlein

Das sich Popup nennt so fein

Ist es möglich, frag ich mal

Ob es online geht? Zumal

Ich ja heut nicht hier sein kann

Zu Committen diesen Kram

Dennoch wär's dem Cheffe recht

Wenn es live geht

Heute

Echt

(Andreas Angel)

Weihnachtszeit

Weihnachtszeit

Ein Patchlein schreit

Ist noch so klein

Und möchte doch

Ins Live-System verteilet sein

(Andreas Engel)

Neue Buttons

Neue Buttons, alte raus

Jap, das ist ein echter Graus

Hin und her und her und hin

Mal hü, mal hott

Ich glaub ich spinn!

Doch eine Änd'rung soll noch kommen

Aus zwei mach eins, genau genommen

Ob Registrier'n, ob Login fein

Jetzt soll's nur noch ein Button sein

(Andreas Engel)

Der Frühling

Der Frühling kommt

Mit großen Schritten

Ich schick dir hier

Was zum Committen

Der Chat hat neue Service-Hour

Schau hier im Patch

Da steht's genauer

(Andreas Engel)

Input-Felder

Um Input-Felder geht es heut

Denn eine Sach' hab ich bereut

Und zwar hab damals ich nur eine

Error-Message ganz alleine

Für die Inputs vorgesehn

Und das ist blöd, du kannst's verstehn

Ab jetzt, so soll es wahrlich sein

Ist diese Message nicht allein

Denn je nach Fehler, je nach Typ

Sofern es definiert word'n yst

Es jetzt 'ne andere Meldung gypt

(Andreas Engel)

Ein Array

Kurz zum Inhalt, Input-Thema

Gab da vorher so ein Schema

Wo man einem Input-Feld

Ein Tag gibt, so wie man es wöllt

Jetzt ist's nicht nur eins, nicht zwei

Nein, wer will, der kann auch drei

Und auch mehr der Tags vergeben

Da wir jetzt ein Array nehmen

(Andreas Engel)

Feine Sache

Arrays sind 'ne feine Sache

Auch wenn ich manchmal drüber lache

In diesem Fall find ich sie gut

Schließlich braucht man sehr viel Mut

Wenn man Arrays nutzen will

Manchmal sind sie ziemlich still

Wo Objekte meckern tun

Arrays in der Ecke ruh'n

Wie am Strand ein Sonnenbader

In der Hand 'nen Pina-Colada

Ach, da wär auch ich jetzt gern

Am weißen Sand, am Meere fern

Unter Palmen wunderbar

Da wird man locker und ganz klar

Lässt's von der Natur sich schenken

Muss nicht an die Patches denken

Und ich merk, wenn ich sie seh'

Deine Änderungen sind okay

Worüber ich vielleicht noch schimpf

Ist die Zeile Zwo-Sieben-Fünf

(Frank R. Gutacker)

Keine Bang

Oje, ein Pätsch, doch keine Bang

Er sieht zwar aus, als wär er lang

Das ist auch so, ich will nicht lügen

Doch soll der Schein dennoch nicht trügen

Denn die Prio des Verteilen

Liegt recht niedrig, muss nicht eilen

Der Patch soll bieten die Option

Zum Registrier'n, das war's auch schon

Denn das Systemhaus irgendwann

Plant einen Newsletter-Versand

Bis dahin sollen erst mal fein

500 Emails g'sammelt sein

(Andreas Engel)

Das Flag

Ich glaub, die Mühe war vergebens

Denn ohne viel Aufhebens

Lässt sich ohne Dösen

Dieses Problem lösen

Baue doch ein zusätzliches Flag-lein

In die Tabelle "subscriber" rein

Denn wir wollen doch vermeiden

Dass E-Mail-Adressen voneinander scheiden

Denn wenn sie erst woanders stehen

Wird man sie leicht übersehen

Es gibt Kunden, die jammern taten

Weil sie 'ne Mail empfangen hatten

Das möchte ich vermeiden

Drum solltest du es leiden

Die E-Mails gesammelt zu sammeln

Ohne zu stammeln

(Frank R. Gutacker)

Änderung

Ich bin begeistert, was für Reime!

Da bleib ich hier und geh nicht Heime

Und änder' was du vorgeschlagen

Und mir im Reime vorgetragen

Dass die Idee mir selbst nicht kam

Das liegt vermutlich auch daran

Dass jetzt zwar erst der Patch gekommer

Doch Umsetzung war letzten Sommer

Da war es heiß und auch recht schwül

Nicht so wie jetzt, so richtig kühl

Zudem EM und Fußball viel

Und dann das Sony-Gewinnspiel

Ich danke dir für deinen Rat

Und folge umgeh'nd mit der Tat

Dass bloß kein Kunde jammern tat

Weil er 'ne Email b'komm'n hat

(Andreas Engel)

Es ist vollbracht

Es ist vollbracht

Die große Schlacht

Des Newsletters ist gemacht

Und strahlet hier in voller Pracht

Ein paar Veränd'rung'n hier und dort

Und schwupps, schon ist die E-Mail fort

Und auf dem Weg zum Kunden, yo!

Die Rhymes hier haben krassen Flow!

Doch nun im Ernst, was hier geschah

Ist richtig knorke! Wunderbar!

Jetzt kann man sich für den

Systemhaus-Newsletter schön eintragen

Und soll die E-Mail wieder raus

Muss man nur EINE Tabell' fragen

(Andreas Engel)

Auftrag

Guten Morgen, guten Tag

Hab vom Chef 'nen Auftrag

Soll bei Google Ana tracken

Wie viel' den Mobilfunk checken

Ein Event gibt's, kurz und knapp

Wenn man klickt auf diesen Tab

(Andreas Engel)

Kleinigkeit

Dieser Patch ist zwar recht klein

Dennoch soll er online sein

Hier und da strip_tags und co

Schaden tut das nirgendwo

Doch noch wichtiger als dies

Ist, was du am Ende liest

Orders ging'n uns durch die Lappen

Doch das sollt' jetzt besser klappen

Denn wer eine Kundenkarte

In seiner Bestellung hatte

Wurd' vom Tracker nicht erfasst

Denke, dass es so jetzt passt

(Andreas Engel)

Ein paar Zeilen schaden nie

So wie ein Baguette mit Brie

(Andreas Engel)

Hoffnung

Der letzte Reim ist lange her

Das Reimen fällt halt manchmal schwer

Doch sollte man die Zeit sich nehmen

Und sich dann dafür bloß nicht schämen

Ich hab hier nur 'nen Zwergen-Patch

Und wie bei einem Tennis-Match

Spiel ich ihn übers Netz zu dir

Und hoff, er kommt nicht back zu mir

(Andreas Engel)

Bitcoins

Ich weiß, committen soll ich nicht

Drum mach ich es mit einer List

Ich pack noch ein paar Bitcoins rein

Das soll dein Lohn dann dafür sein

(Andreas Engel)

Kaputt

Erstmal Achtung, keine Sorgen
Muss nicht heute sein, reicht morgen

Die Anmeldung per Dealmachine
Die war kaputt, so wie es schien
Weil da ein alter Link drin war
Zum Pressecenter, oh wie wahr

Und außerdem, weil das nicht reicht
Hab ich, hier und da vielleicht
Beseitigt ein paar Fehlerlein
Die bei der Anmeldung erschein'

(Andreas Engel)

Der Schrecken

Zur Abwechslung und ob der Ruh

Ein kleines Patch ich schicken tu

Denn lang ist's her, das weißt du auch

Dabei genieß ich diesen Brauch

Uns gegenseitig Rhymes zu schicken

Und mit Gedichten zu entzücken

Ein PM kann meist nicht dichten

Deswegen bekommt er Nachrichten

Doch waren es derer zu viele

Mich deuchte fast, ich schiele

Doch war mein Blick ganz fest und klar

Und mir wurde offenbar

Dass in Massen E-Mails sprießen

Und unser System verließen

Wenn dies geschieht im Nu

Schmeiß ich ein Continue

Und schon ist er gebremst

Der Schrecken der PMs

(Frank R. Gutacker)

Freude

Lang ist's her der letzte Reim

Drum mach ich's wie Matthias Reim

Und schreib die Antwort jetzt in Zeilen

Die sich alle prächtig reimen

Die PMs, die wer'n sich freu'n

Und das Nörgeln nicht bereu'n

Denn diesen Patch kannst du verteilen

Musst auch nicht mehr groß dran feilen

(Andreas Engel)

Hoppel

Der Isi kam daher gehoppt

Und sagt zu mir, „Ich werd' bekloppt"

Er wollt, dass im Produktvergleich

Nur das drin steht, was wirklich reicht

Wir ha'm im Backend da 'nen Haken

Den man setzt, um es zu marken

Doch das wurd' einfach ignoriert

Ich hab geschaut was da passiert

Und hab Code reinmanövriert

Der das Dilemma repariert

(Andreas Engel)

Emma Hewitt

Dilemma

Emma

Hewitt

Do it

Commit

(Frank R. Gutacker)

Hilfe

Lieber Frank

Hilf mir schnell

Optimier' das SQL

(Andreas Engel)

Der Wunsch

Es ist der Wunsch von Robert

Dass dies Patch dein Herz erobert

Nur gucken, ob's was Schlimmes gibt

Da sonst die Zeit zu schnell verfliegt

(Frank R. Gutacker)

Waschen

Da eine Hand die andere wäscht

Schick ich dir jetzt auch 'nen Patch

'ne neue Admin-Group muss her

Und ohne Queries geht nix mehr

Drum schicke ich dir diese Sachen

Um den Shop kaputt zu machen

(Andreas Engel)

Affected Rows

Hier meine vows

Affected rows

218

Die bleiben steh'n

Dann verweilen

Gefundene Zeilen

0

Cool

Nun wird gerungen

Warnungen

0

Ebenfalls cool

Die Dauer von 5 queries

Und das sind keine Berries

0,515 sec

What the hack!

(Frank R. Gutacker)

0

Der Reim von 0

Auf cool

Ist zwar nicht doll

Doch den Rest

Den fand ich toll

(Andreas Engel)

Minus

Nicht alles ist perfekt im Leben

Man sollte zwar zum Guten streben

Doch möcht' man auch mal anders sein

Und lässt das Böse tief hinein

Ist man dann ganz negativ

Kommt da irgend so ein Schnief

Nimmt Regexes zu Hauf

Und zeigt die Pluspunkte dir auf

Das macht er ganz unauffällig

Hinterhältig, ohne Sicht

Kann über Minusse nur lachen

Drum frag ich, darf ich das so machen?

Dem Negativen will ich mich stellen

Selbst wenn in der Buchhaltung

Glocken schellen

Ob der Warnung vor roten Zahlen

Ich will sie haben und minus malen

(Frank R. Gutacker)

Die Jagd

Mit Regexes, muss ich dir sagen

Da kannst du mich echt ganz schön jagen

Doch ist die Änderung nicht groß

Drum bleibt mir da zu sagen bloß

Wenn es das tut, was es tun soll

Dann lad es hoch mit viel Gegroll

Und mach danach gleich Feierabend

Dann soll'n die anderen sich dran laben

(Andreas Engel)